ICH bin da
Religion 1

Schulbuch für den katholischen Religionsunterricht

Erarbeitet von
Friedrich Fischer, Wolfgang Gies, Vera Krause,
Monika Oesterwind, Peter Ueter

Illustriert von Anna de Riese

Ernst Klett Verlag
Stuttgart · Leipzig

Ich bin da

Das sage ich manchmal. Das sagen andere auch manchmal zu mir. Diese drei Worte können die Welt verändern.

Folgendes Erlebnis ist dafür nur ein Beispiel: Gerade ist Mama zum Einkaufen gegangen. Das hat meine kleine Schwester Petra gemerkt. Sie hat angefangen zu weinen.
Ich habe sie gestreichelt. Dabei habe ich ihr zugeflüstert: „Du brauchst keine Angst zu haben. Ich bin doch da."

Ich weiß selbst, wie schön das ist, wenn einer zu mir sagt: Ich bin doch da. Dann kann mir eigentlich nichts Schlimmes passieren. Ich weiß ja: Ich bin nicht allein.

Aber auch Gott sagt zu uns: „Ich bin da." So erzählt es uns das Alte Testament. Gott hatte Mose in der Nähe des Gottesberges Horeb gerufen und aufgefordert, die Israeliten aus der Sklaverei Ägyptens herauszuführen. Dieser Auftrag irritierte Mose und er bat Gott, ihm seinen Namen zu offenbaren. Da antwortete Gott dem Mose: „Ich bin der *Ich-bin-da*" (aus dem Buch Exodus, Kapitel 2 und 3).

Wer über diesen Namen nachdenkt, beginnt zu ahnen, dass sich eine ganze Botschaft damit verbindet.
Viele Menschen vertrauen auf Gott. Sie sagen: „Gott ist treu. Er ist immer für mich da."
So ist Gott auch für mich da. Das macht mich stark.
Manchmal sage ich ihm leise: „Schau her, lieber Gott! Siehst du mich? Ich bin da!"

ICH

1. Ich

Manchmal bin ich froh.
Manchmal bin ich traurig.

Manchmal lache ich.
Manchmal weine ich.

Gott spricht:

Ich habe dich
bei deinem Namen gerufen.
Fürchte dich nicht,
denn ich bin bei dir.

Du bist mein Kind
und ich liebe dich.
Ich habe dich eingezeichnet
in meine Hände.

nach Jesaja 43 und 49

Halte zu mir, guter Gott

Text: Rolf Krenzer
Musik: Ludger Edelkötter

2. Du bist jederzeit bei mir. Wo ich geh und steh,
spür ich, wenn ich leise bin, dich in meiner Näh.
Halte zu mir, guter Gott …

3. Gibt es Ärger oder Streit und noch mehr Verdruss,
weiß ich doch, du bist nicht weit, wenn ich weinen muss.
Halte zu mir, guter Gott …

4. Meine Freude, meinen Dank – alles sag ich dir.
Du hältst zu mir, guter Gott, spür ich tief in mir.
Halte zu mir, guter Gott …

2. Gott suchen

Gott ist

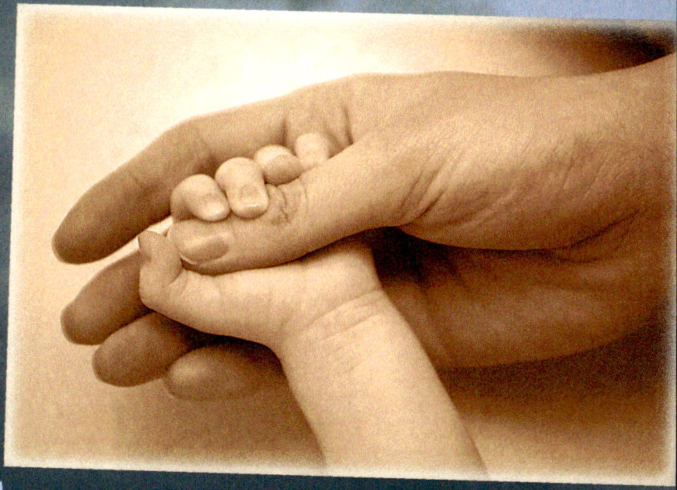

für mich wie ...

… ein guter Hirte

Der Herr ist mein Hirte,
nichts wird mir fehlen.

Er lässt mich lagern
auf grünen Auen und
führt mich zum Ruheplatz
am Wasser.

Muss ich auch wandern
in finsterer Schlucht,
ich fürchte kein Unheil;
denn du bist bei mir,
dein Stock und dein Stab
geben mir Zuversicht.

nach Psalm 23

Bist du ein Haus

Text: Reinhard Bäcker
Musik: Detlev Jöcker

Refrain:

Mein Gott!
Ich kann dich gar nicht sehen,
und doch sagst du: Ich bin bei dir.
Mein Gott!
Wie soll ich das verstehen?
Ich bitte dich: Komm, zeig es mir!

2. Bist du ein Licht mit bunten Strahlen,
das meinen dunklen Weg erhellt?
Kann ich dich wie die Sonne malen,
die morgens in mein Zimmer fällt?

3. Bist du ein Freund, dem ich vertraue
und dem ich alles sagen kann,
mit dem ich eine Bude baue
und über Mauern springen kann?

3. Ich – du – wir

miteinander
lernen
ABCDE
FGHIJ
KLMNO
ICH
DU
WIR

1 2 3 4 5 6 7 8 9 10 11 12 13 14 15 16 17 18 19 20
PAPIER
TIERE
KINDER
LEXIKON
LEXIKON
STEMPELSCHULE
BUCHSTABEN-DRUCK

Jesus sagt:

Wo zwei oder drei
in meinem Namen
versammelt sind,
da bin ich
mitten unter ihnen.

nach Matthäus 18,20

Ich bin so gern bei dir!

Text: Rolf Krenzer
Melodie: Ludger Edelkötter

2. Ich geb dir meine Hand.
   Ich geb dir meine Hand.
   Und wenn wir zwei zusammen stehn,
   dann sind wir gleich bekannt,
   dann sind wir gleich bekannt.

3. Ich geb dir meinen Arm.
   Ich geb dir meinen Arm.
   Und wenn wir zwei zusammen gehn,
   dann wird es mir ganz warm,
   dann wird es mir ganz warm.

4. Komm, leg den Arm um mich!
   Komm, leg den Arm um mich!
   Und wenn wir zwei zusammen gehn,
   weißt du, dann freu ich mich,
   weißt du, dann freu ich mich!

5. So tanze ich mit dir.
   Und so tanzt du mit mir.
   Und alle Leute, die das sehn,
   die machens so wie wir,
   die machens so wie wir!

4. Sehen lernen

Wer mit dem
Herzen sieht …

Viele kleine Lichter

Text und Melodie: Wolfgang Gies

Refrain:

5. Advent

Advent: Weihnachten

erwarten

Als die Engel sie verlassen hatten
und in den Himmel zurückgekehrt waren,
sagten die Hirten zueinander:

Kommt, wir gehen nach Betlehem,
um das Ereignis zu sehen,
das uns der Herr verkünden ließ.

nach Lukas 2,15

Friede auf Erden

Ehre sei Gott in der Höhe
und Friede den Menschen auf Erden!

6. Jesus von Nazaret

Ein Dorf in Israel
zur Zeit Jesu.

Jesus wächst in Nazaret auf.
Nazaret liegt in Galiläa.

Da brachte man Kinder zu Jesus,
damit er ihnen die Hände auflegte.
Seine Jünger aber wiesen
die Menschen schroff ab.
Als Jesus das sah, wurde er wütend
und sagte zu seinen Jüngern:

„Lasst die Kinder zu mir kommen.
Hindert sie nicht daran!
Denn Menschen wie ihnen
gehört das Himmelreich."

Und Jesus nahm die Kinder in seine Arme.
Er legte ihnen die Hände auf
und segnete sie.

nach Matthäus 19,13–15

Das wünsch ich sehr

Text: Kurt Rose
Melodie: Detlev Jöcker

7. Die Bibel

Woher wissen wir von Jesus?
RELIGION
Die Lesemausecke in der Stadtbücherei
Jerusalem
Lexikon
WISSEN
Die Römer
Ägypten
Jesus
KI.KA
Die Bibel für Kinder
BIBEL-LEXIKON
DAS BIBEL LEXIKON ABC
TAPE
INTERNET
GEO lino
BIBEL.DE
www.bibel.de
FAX
Info-Fax
Notizen
Jesus
Nazaret
Galiläa
Betlehem
Lieber Onkel Toni, kannst Du mir erklären, wie die Bibel entstanden ist?
BY AIR MAIL PAR AVION MIT LUFTPOST
DEUTSCHLAND
110 0,56€
Die Zeitung

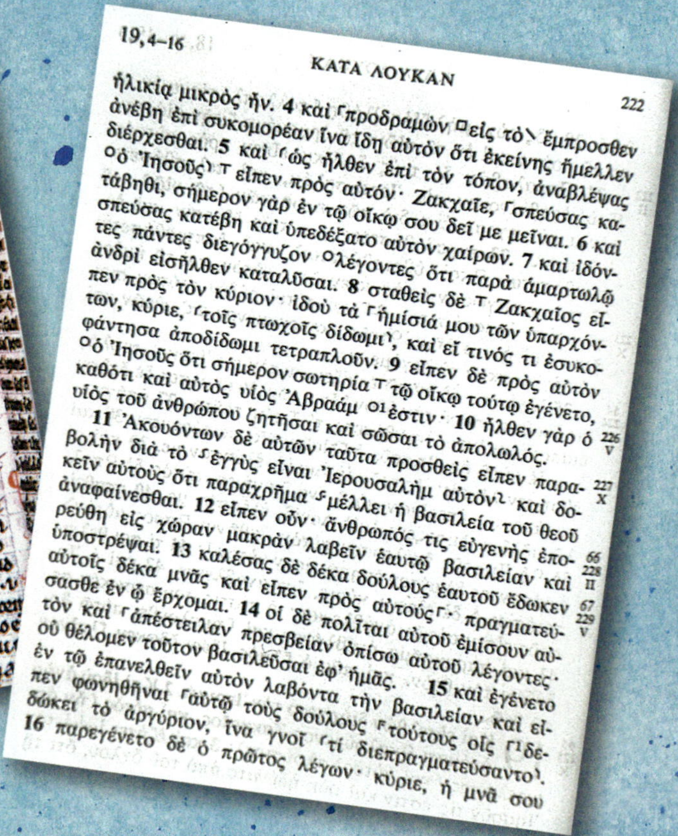

19,4–16

ΚΑΤΑ ΛΟΥΚΑΝ

222

ἡλικίᾳ μικρὸς ἦν. 4 καὶ προδραμὼν εἰς τὸ ἔμπροσθεν
ἀνέβη ἐπὶ συκομορέαν ἵνα ἴδῃ αὐτὸν ὅτι ἐκείνης ἤμελλεν
διέρχεσθαι. 5 καὶ ὡς ἦλθεν ἐπὶ τὸν τόπον, ἀναβλέψας
ὁ Ἰησοῦς εἶπεν πρὸς αὐτόν· Ζακχαῖε, σπεύσας κα-
τάβηθι, σήμερον γὰρ ἐν τῷ οἴκῳ σου δεῖ με μεῖναι. 6 καὶ
σπεύσας κατέβη καὶ ὑπεδέξατο αὐτὸν χαίρων. 7 καὶ ἰδόν-
τες πάντες διεγόγγυζον λέγοντες ὅτι παρὰ ἁμαρτωλῷ
ἀνδρὶ εἰσῆλθεν καταλῦσαι. 8 σταθεὶς δὲ Ζακχαῖος εἶ-
πεν πρὸς τὸν κύριον· ἰδοὺ τὰ ἡμίσιά μου τῶν ὑπαρχόν-
των, κύριε, τοῖς πτωχοῖς δίδωμι, καὶ εἴ τινός τι ἐσυκο-
φάντησα ἀποδίδωμι τετραπλοῦν. 9 εἶπεν δὲ πρὸς αὐτὸν
ὁ Ἰησοῦς ὅτι σήμερον σωτηρία τῷ οἴκῳ τούτῳ ἐγένετο,
καθότι καὶ αὐτὸς υἱὸς Ἀβραάμ ἐστιν· 10 ἦλθεν γὰρ ὁ
υἱὸς τοῦ ἀνθρώπου ζητῆσαι καὶ σῶσαι τὸ ἀπολωλός. 226 V
11 Ἀκουόντων δὲ αὐτῶν ταῦτα προσθεὶς εἶπεν παρα-
βολὴν διὰ τὸ ἐγγὺς εἶναι Ἰερουσαλὴμ αὐτὸν καὶ δο- 227 X
κεῖν αὐτοὺς ὅτι παραχρῆμα μέλλει ἡ βασιλεία τοῦ θεοῦ
ἀναφαίνεσθαι. 12 εἶπεν οὖν· ἄνθρωπός τις εὐγενὴς ἐπο-
ρεύθη εἰς χώραν μακρὰν λαβεῖν ἑαυτῷ βασιλείαν καὶ 66 228 II
ὑποστρέψαι. 13 καλέσας δὲ δέκα δούλους ἑαυτοῦ ἔδωκεν
αὐτοῖς δέκα μνᾶς καὶ εἶπεν πρὸς αὐτούς· πραγματεύ- 67 229 V
σασθε ἐν ᾧ ἔρχομαι. 14 οἱ δὲ πολῖται αὐτοῦ ἐμίσουν αὐ-
τὸν καὶ ἀπέστειλαν πρεσβείαν ὀπίσω αὐτοῦ λέγοντες·
οὐ θέλομεν τοῦτον βασιλεῦσαι ἐφ' ἡμᾶς. 15 καὶ ἐγένετο
ἐν τῷ ἐπανελθεῖν αὐτὸν λαβόντα τὴν βασιλείαν καὶ εἶ-
πεν φωνηθῆναι αὐτῷ τοὺς δούλους τούτους οἷς δε-
δώκει τὸ ἀργύριον, ἵνα γνοῖ τί διεπραγματεύσαντο.
16 παρεγένετο δὲ ὁ πρῶτος λέγων· κύριε, ἡ μνᾶ σου

Die Bibel erzählt die Geschichte Gottes mit den Menschen.

Die Bibel erzählt auch Geschichten von Jesus.

Jesus besuchte Zachäus

In der Stadt Jericho wohnte der Zöllner Zachäus.
Viele Leute kamen in die Stadt.
Sie mussten Zachäus Geld geben,
sonst durften sie nicht hinein.
Zachäus verlangte zu viel Geld.

Jesus kam nach Jericho
und ging durch die Stadt.
Zachäus wollte Jesus gerne sehen.
Aber da standen viele Leute.
Zachäus war klein.
Darum konnte er Jesus nicht sehen.
Deshalb lief Zachäus schnell
und stieg auf einen Maulbeerbaum.
Von hier aus konnte er Jesus gut sehen.

Jetzt kam Jesus.
Er sah Zachäus und sagte:
„Zachäus, komm schnell herunter!
Ich will dich heute besuchen."
Zachäus stieg schnell vom Baum und
nahm Jesus voll Freude bei sich auf.

Die anderen Leute aber schimpften:
„Warum geht Jesus zu einem Betrüger?"
Zachäus aber schaute Jesus an und sagte:
„Herr, die Hälfte von meinem ganzen Geld
will ich den Armen geben.
Wem ich zu viel Geld abgenommen habe,
dem gebe ich viermal so viel zurück."

Da sagte Jesus: „Jetzt freut sich Gott.
Gott hat auch Zachäus lieb.
Ich bin gekommen, um alle zu suchen
und zu retten, die verloren sind."

nach Lukas 19,1–10

Keiner ist zu klein

Text: Reinhard Feuersträter
Melodie: Reinhard Horn

2. Keiner ist zu arm, keiner ist zu arm,
um bei Jesus reich zu sein. Darum …

3. Keiner ist zu schwach,
keiner ist zu schwach,
um bei Jesus stark zu
sein. Darum …

8. Gott ruft Menschen

Samuel! Samuel! Samuel!

Rede, Herr, dein Diener hört!

Gott beschirmt dich
mit seinen Flügeln,
unter seinen Schwingen
findest du Zuflucht.

Du brauchst dich
vor dem Schrecken der Nacht
nicht zu fürchten,
denn Gott ist deine Zuflucht.

Er befiehlt seinen Engeln,
dich zu behüten auf all deinen Wegen.
Sie tragen dich auf ihren Händen,
damit dein Fuß nicht an einen Stein stößt.

nach Psalm 91

BEATE
HEINEN 1984

Gottes Segen sei mit euch

Text: Rolf Krenzer
Melodie: Siegfried Fietz

1. Got-tes gu-ter Se-gen sei mit euch. Got-tes gu-ter Se-gen sei mit euch.
2. Got-tes gu-ter Se-gen sei mit euch. Got-tes gu-ter Se-gen sei mit euch.
3. Got-tes gu-ter Se-gen ü-ber euch. Got-tes gu-ter Se-gen ü-ber euch.
4. Got-tes gu-ter Se-gen sei um euch. Got-tes gu-ter Se-gen sei um euch.
5. Got-tes gu-ter Se-gen sei in euch. Got-tes gu-ter Se-gen sei in euch.

1. Um euch zu schü-tzen, um euch zu stü-tzen, auf eu-ren We - - - gen. -gen.
2. Mut um zu wa-gen, nicht zu ver-za-gen auf al-len We - - - gen. -gen.
3. Lie-be und Treu-e, im-mer aufs Neu-e, auf eu-ren We - - - gen. -gen.
4. Heu-te und mor-gen, seid ihr ge-bor-gen, auf al-len We - - - gen. -gen.
5. Sucht mit dem Her-zen, leuch-tet wie Ker-zen, auf eu-ren We - - - gen. -gen.

9. Beten lernen

danken
loben

klagen
bitten

Im Namen Gottes,
des Erbarmers,
des Barmherzigen.
Lob sei Gott,
dem Herrn der Welten.

Höre, Israel, der Herr,
unser Gott, ist einzig.
Darum sollst du den Herrn,
deinen Gott,
lieben mit ganzem Herzen,
mit ganzer Seele und mit ganzer Kraft.

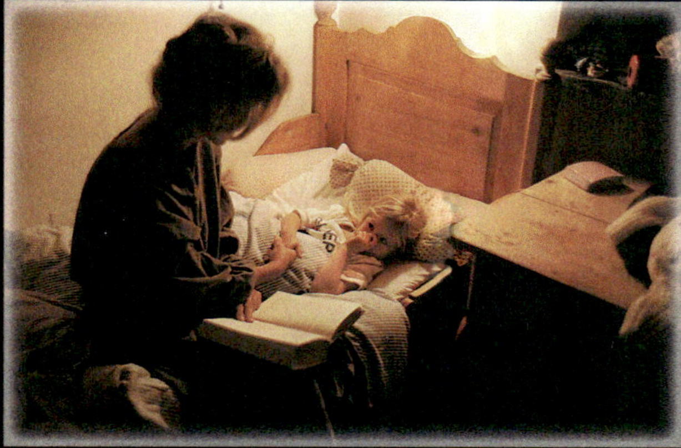

Guter Gott!
Wenn ich den Tag
noch einmal ausdenke,
dann ist mir vieles
gut gelungen,
einiges möchte ich
besser machen.
Du verzeihst mir.
Danke.

Alle guten Gaben,
alles, was wir haben,
kommt, o Gott, von dir.
Dank sei dir dafür.

Das habe ich
auf dem Herzen:

Darum bitte ich dich:

Im
Namen
des
Vaters
und des Sohnes
und
des
Heiligen
Geistes.
Amen

Dafür danke ich dir:

Das finde ich toll:

10. Schöpfung

Gott, ich staune,
lauter Wunder
hast du für uns ausgedacht.

Sag, wie hast du das gemacht,
dass es Nacht wird jeden Abend –
woher weiß denn das die Nacht?

Woher wissen die Narzissen,
dass sie Ostern blühen müssen?
Und die Gräser auf den Wiesen,
dass sie plötzlich wieder sprießen?

Und die Petersiliensamen,
drinnen in der dunklen Erde,
sag, wie können sie denn wissen,
dass sie Petersilie werden?

Stimmt es, dass die Erde rund ist?
Papa sagt, dass sie sich dreht!
Warum rutscht man dann nicht runter,
wenn man grade unten steht?

Warum fließen Wasserfälle
unaufhörlich Tag und Nacht?
Großer Gott, ich kann's nicht fassen,
wie du das hast werden lassen,
wie du alles hast gemacht.

Gott sah alles an, was er gemacht hatte:

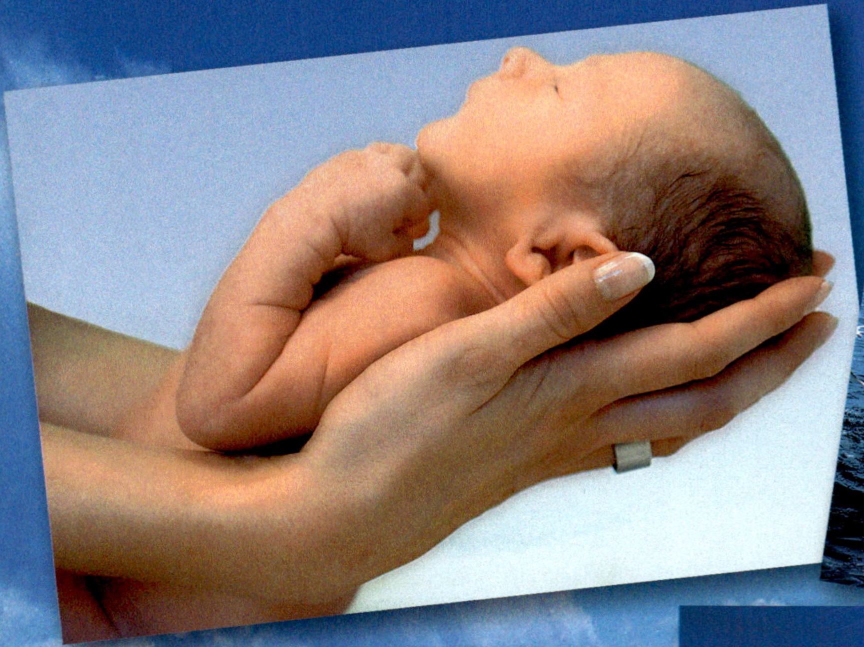

Es war sehr gut.

aus Genesis 1,31

Du hast uns deine Welt geschenkt

Text: Rolf Krenzer
Melodie: Detlev Jöcker

2. Du hast uns deine Welt geschenkt:
die Länder – die Meere …

3. Du hast uns deine Welt geschenkt:
die Sonne – die Sterne …

4. Du hast uns deine Welt geschenkt:
die Blumen – die Bäume …

5. Du hast uns deine Welt geschenkt:
die Berge – die Täler …

6. Du hast uns deine Welt geschenkt:
die Vögel – die Fische …

7. Du hast uns deine Welt geschenkt:
die Tiere – die Menschen …

11. Jesus erzählt

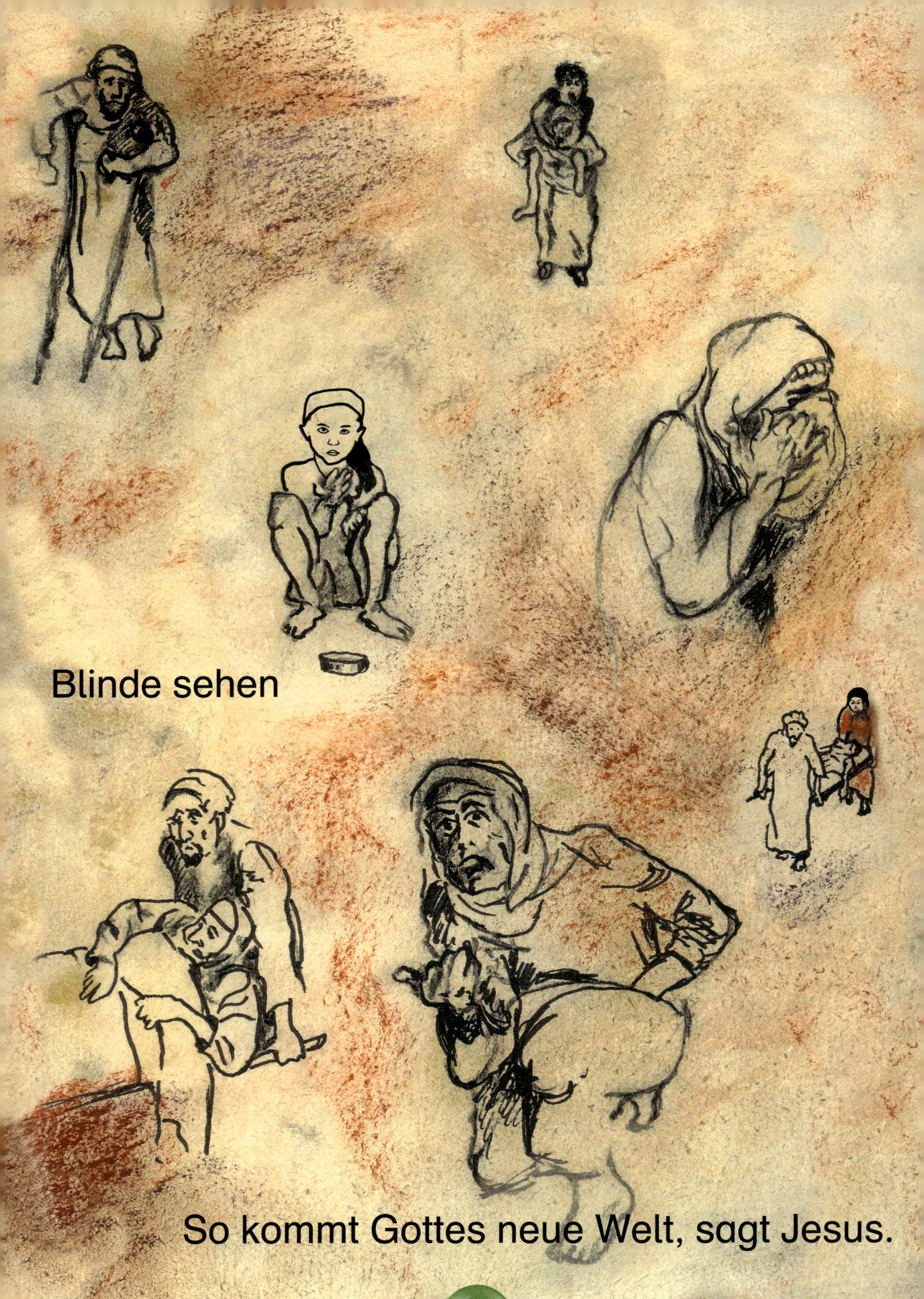

Blinde sehen

So kommt Gottes neue Welt, sagt Jesus.

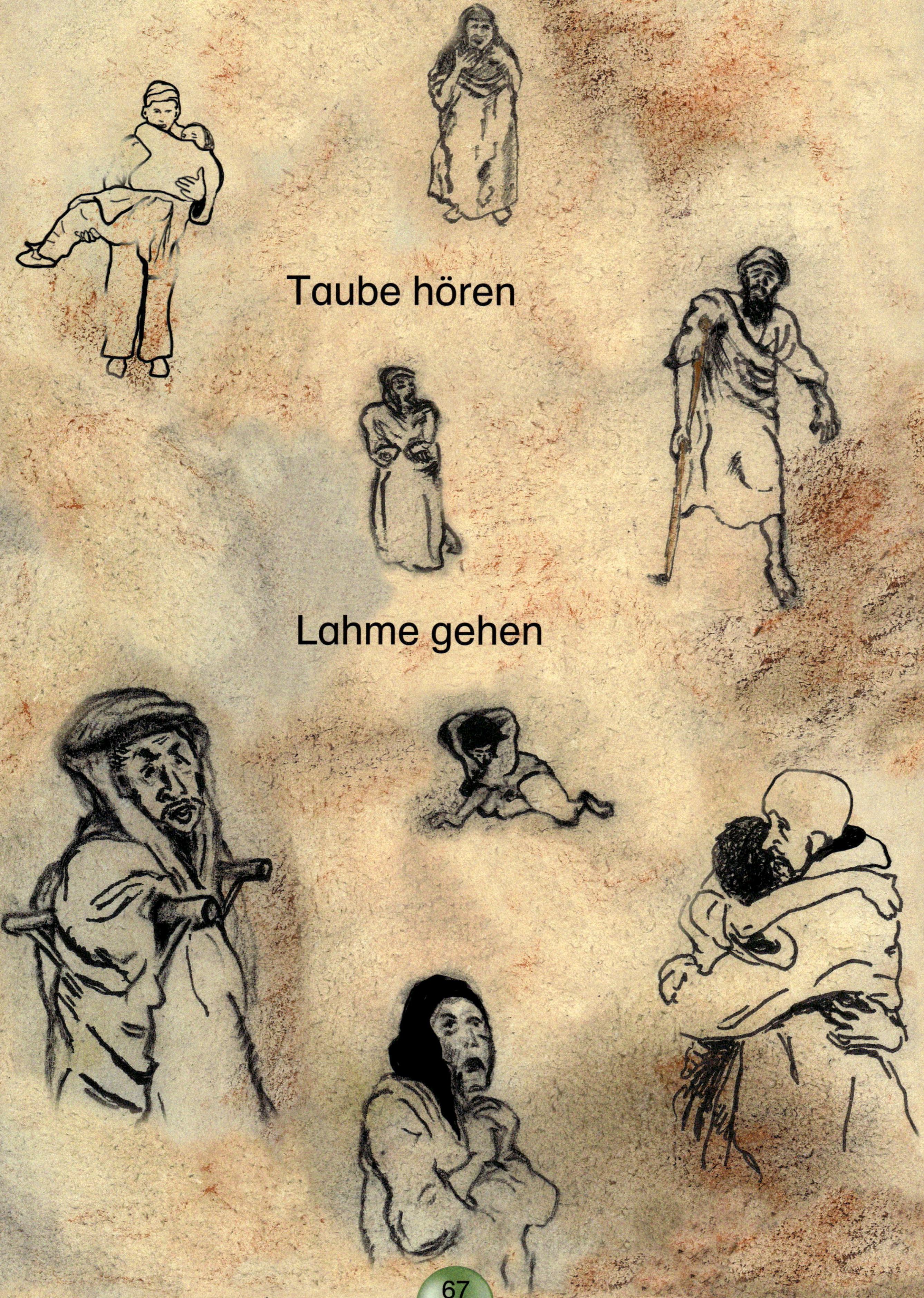
Taube hören
Lahme gehen

Das Gleichnis vom Senfkorn

Als Jesus gefragt wurde,
womit er das Reich Gottes vergleichen würde,
erzählte er folgende Geschichte:

Ein Mann säte ein Senfkorn auf seinem Acker.
Es war ein winzig kleines Senfkorn.
Man konnte es kaum sehen.
Als es auf den Acker gefallen war,
begann es zu wachsen.
Es wuchs und wuchs und wurde
zu einem großen Baum.
Der Baum bekam starke Äste und
dicke und dünne Zweige mit vielen Blättern.
So konnten sich die Vögel des Himmels
darin ihre Nester bauen.

nach Matthäus 13,31 und 32

Kleines Senfkorn Hoffnung

Text: Alois Albrecht
Melodie: Ludger Edelkötter

12. Kirche

SUPERMARKT
KRANKENHAUS
BHF
MUSEUM
STADTHAUS
THEATER
KITA
CITY

Kirche: Haus Gottes -

Haus der Menschen

Gott baut ein Haus

Text und Melodie: Waltraut Osterlad

2. Gott baut ein Haus, das lebt,
wir selber sind die Steine,
sind große und auch kleine,
du, ich und jeder Christ.

3. Gott baut ein Haus, das lebt,
aus ganz, ganz vielen Leuten,
die in verschiedenen Zeiten
hörten von Jesus Christ.

KiD

Quellenverzeichnis

Abbildungen

8 © Sieger Köder, In Gottes Händen
12 Foto Quelle: © Vera Krause
Foto Schäfer mit Schafherde © Vogt/Geduldig /WILDLIFE
Foto Baby hält mit seiner Hand den Finger der Mutter © Peter Widmann
Foto Landhaus im Winter © P. Henry/Arco Digital Images
Foto Feldweg © Detlef Westerkamp/Agentur Transit
Foto Brennende Kerze © Koczera/Agentur Blickwinkel
13 Foto Regenbogen © K. Loos/Arco Digital Images
Foto Sonne und Quellwolken © D. Meissner/Agentur Blickwinkel
Foto Baby im Handtuch nach dem Bad © Teich/Agentur Caro
Foto Blüte: MEV-Verlag
Foto Ponto delle Maddalena über dem Serchio, Italien, Toskana © Atlantide/Agentur Schapowalow
14 © Sieger Köder, Der gute Hirte
20 Pablo Picasso: Ronde de jeunesse © Succession Picasso/VG Bild-Kunst 2006
32 Verkündigung an die Hirten, Beate Heinen, 1985 © ars liturgica BUCH- UND KUNSTVERLAG MARIA LAACH, Nr. 5415
33 Annegert Fuchshuber: Weihnachten – Nativity – Nativité, Laubi/Fuchshuber, Kinderbibel © Verlag Ernst Kaufmann, Lahr
38 Annegert Fuchshuber: Jesus und die Kinder, Laubi/Fuchshuber, Kinderbibel © Verlag Ernst Kaufmann, Lahr
42 Foto Thorarolle © Herby Sachs/Agentur version
Fotos der lateinischen und griechischen Bibeln: © Vera Krause
43 Buchdeckel des Codex Aureus von St. Emmeram um 870 (Bayrische Staatsbibliothek, München)
47 Toni Zenz, Der Hörende, in der Pax-Christi-Kirche und -Gedenkstätte Essen
Foto: Michael Jeiter, Merzenich-Morschenich
48 Brian Wildsmith: Samuel. Aus: Atlantis Kinderbibel. Zürich/Freiburg: Atlantis Verlag AG 1975
51 Schutzengel (und Mädchen), Beate Heinen, 1984 © ars liturgica BUCH-UND KUNSTVERLAG MARIA LAACH, Nr. 5413
53 Odilon Rendon: Silence. The Museum of Modern Art, New York
56/57 Foto islamisches Mädchen: © Vera Krause
Foto jüdischer Junge: © Harald Schäfer
Foto Mädchen: aus Angelika Vogel, Ich möchte eine Blume sein © Verlag Herder, Freiburg im Breisgau, 1992
59 Foto Mädchen mit Küken © Rosenfeld/Agentur Schapowalow
62/63 Foto Mutter hält ihr Baby in den Händen © C. Gruenewald/Agentur Blickwinkel
Foto Getreide: © Mauritius images/ACE
Foto Afrikanischer Elefant © H. Nienhaus/Arco Digital Images
Foto Möwen © C. Gomersall/Agentur WILDLIFE
Alle anderen Fotos: MEV-Verlag
66/67 Bedürftige: Barbara Meißner
72/73 Fotos Kircheninnenraum: Wolfgang Gies
74/75 Fotos Lesung, Taufe, Trauergottesdienst, Wallfahrt: KNA-Bild
Foto Kommunionkinder beim Open-Air-Gottesdienst © Christian Kruska/Agentur Focus
Foto Mädchen in der Kirche: BilderBox
Foto Osternacht: Foto Winkler, Bad Endorf
U1 Volker Minkus, MINKUSIMAGES
Alle anderen Abbildungen: Verlagsarchiv

Text

60/61 Renate Schupp: Gott, ich staune. © Renate Schupp

Lieder

10 Rolf Krenzer (Text)/Ludger Edelkötter (Melodie): Halte zu mir, guter Gott. © KiMu Kinder Musik Verlag GmbH, 45219 Essen (Melodie)/Rolf Krenzer (Text)

16 Reinhard Bäcker (Text)/Detlev Jöcker (Melodie): Bist du ein Haus. © Menschenkinder Verlag, Münster

22 Rolf Krenzer (Text)/Ludger Edelkötter (Melodie): Ich bin so gern bei dir. © KiMu Kinder Musik Verlag GmbH, 45219 Essen (Melodie)/Rolf Krenzer (Text)

28 Wolfgang Gies (Text und Melodie): Viele kleine Lichter. © Wolfgang Gies

40 Kurt Rose (Text)/Detlev Jöcker (Melodie): Das wünsch ich sehr, dass immer einer bei mir wär. © Menschenkinder Verlag, Münster

46 Reinhard Feuersträter (Text)/Reinhard Horn (Melodie): Keiner ist zu klein. © Kontakte Musikverlag, Ute Horn, 59557 Lippstadt

52 Rolf Krenzer (Text)/Siegfried Fietz (Melodie): Segenslied. © ABAKUS Musik Barbara Fietz, Greifenstein

64 Rolf Krenzer (Text)/Detlev Jöcker (Melodie): Du hast uns deine Welt geschenkt. © Menschenkinder Verlag, Münster

70 Alois Albrecht (Text)/Ludger Edelkötter (Melodie): Kleines Senfkorn Hoffnung. © KiMu Kinder Musik Verlag GmbH, 45219 Essen

76 Waltraut Osterlad (Text und Melodie): Gott baut ein Haus. © Waltraut Osterlad

Zugelassen als Lehrbuch für den katholischen Religionsunterricht von den Diözesanbischöfen von Aachen, Berlin, Dresden, Erfurt, Essen, Fulda, Görlitz, Hamburg, Hildesheim, Köln, Limburg, Magdeburg, Mainz, Münster, Osnabrück, Paderborn, Speyer und Trier.

1. Auflage 1 7 6 5 4 3 | 2015 14 13 12 11

Alle Drucke dieser Auflage sind unverändert und können im Unterricht nebeneinander verwendet werden.
Die letzte Zahl bezeichnet das Jahr des Druckes.

Programmbereich Klett-Auer

Autorinnen und Autoren: Friedrich Fischer, Wolfgang Gies, Vera Krause, Monika Oesterwind, Peter Ueter

Satz: Albert Graf, Graben
Druck: Offizin Andersen Nexö, Leipzig

Printed in Germany
ISBN 978-3-12-003821-4

9 783120 038214